BELLES TAPISSERIES

DES

XVIme, XVIIme ET XVIIIme SIÈCLES

Tableaux Modernes

appartenant à M. X...

TABLEAUX ANCIENS

appartenant à M. de V...

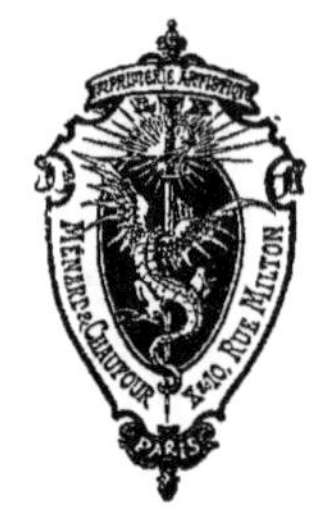
IMPRIMERIE ARTISTIQUE
MÉNARD & CHAUFOUR
140, RUE MILTON
PARIS

CATALOGUE

DES

BELLES TAPISSERIES

des

XVIe, XVIIe et XVIIIe SIÉCLES

TABLEAUX MODERNES

DES

DIFFÉRENTES ÉCOLES

appartenant à M. X...

ET DES

TABLEAUX ANCIENS

appartenant à M. de V...

dont la vente aura lieu

HOTEL DROUOT — SALLE N° 2

Le MARDI 6 MAI 1902, à 3 heures

Me Raoul CAVEROC | M. Arthur BLOCHE

COMMISSAIRE-PRISEUR | Expert près la Cour d'appel

52, Rue Lafayette | *28, Rue de Châteaudun*

EXPOSITION PUBLIQUE

Le Lundi 5 Mai 1902, de 2 heures à 6 heures.

CONDITIONS DE LA VENTE

La vente aura lieu au comptant.

Les acquéreurs paieront dix pour cent en sus des enchères.

L'exposition mettant les acheteurs à même de juger de l'état des objets, aucune réclamation ne sera admise une fois l'adjudication prononcée.

Tapisseries, Tableaux

appartenant à **M. X**...

TAPISSERIES

1 — **BELLE TAPISSERIE DE L'ÉPOQUE LOUIS XIV** représentant la **Halte** à l'auberge. Composition inspirée de **PHILIPPE WOUWERMANS**.

A gauche, au premier plan trois cavaliers habillés en armure, en riches costumes avec chapeaux à plumes sont arrêtés devant une auberge, la fille de service leur apporte de la bière. Un autre personnage sort de la maison conduisant son cheval par la bride. A droite une fontaine architecturale avec statue de Vénus sur les dauphins entourée de plantes. Au fond un parc à la française avec pièce d'eau. Bordure à rinceaux, fleurs, oiseaux, trophées de musique et d'instruments champêtres.

Larg. ; 3^{m}90. Haut. : 3^{m}10.

2-3 — DEUX BELLES TAPISSERIES DE LA FIN DU XVIe SIÈCLE représentant la Cour d'amour et la chasse à courre.

Compositions des plus intéressantes de nombreux personnages : souverains, souveraines, seigneurs, grandes dames en élégants costumes de l'époque, divisant galamment, lancés au galop de leurs montures, se promenant en barques, assistant à des accordailles. Ces scènes différentes se passent dans des paysages boisés à horizons très clair. Jolies bordures offrant des trophées de musique, d'attributs de chasse suspendus dans des guirlandes et des jetées de fleurs et de fruits.

1re Larg. : 3^m. Haut. : 3^m.
2e Larg. : 4^m. Haut. : 3^m.

4 - - GRANDE TAPISSERIE DU XVIIe SIÈCLE représentant une scène allégorique.

Un roi sur son trône la tête entourée d'une auréole, le front ceint de lauriers, accueille et étreint dans ses bras un jeune homme. Au pied du trône des nymphes assises se tiennent par les mains, autour du roi des personnages symbolisant les saisons. La magnifique salle dans laquelle se déroule cette scène est ornée de colonnades décorées de sujets mythologiques, entre les colonnes sont groupés des personnages et en perspective se découvre un riant paysage. Bordure à guirlandes de fleurs animées d'oiseaux.

Larg. : 4^m2o ; haut. 3^m6o.

5 — TAPISSERIE DE BRUXELLES DU TEMPS DE LOUIS XIV représentant l'**Amour conduisant une meute**.

Au second plan, des dieux, déesses etnymphes dans un paysage accidenté et boisé. Une draperie rouge lamée et frangée d'or, jetée dans l'arbre aux branches duquel est suspendu un carquois. La bordure présente sur les côtés des statuts d'amours, avec socles enguirlandés, portant des vases de fleurs, au fronton des cartouches avec des guirlandes de fruits rattachées à des ornements d'architecture, en bas un écusson et des guirlandes de fruits. Signée des monogrammes de Bruxelles B. B. et MA. ROS.

Larg. : 2^m9o. Haut. : 3^m1o.

6-7 — DEUX TAPISSERIES DE BRUXELLES DU XVIIe SIÈCLE représentant **des scènes de la vie de Marc Antoine et de Cléopâtre** compositions de plusieurs personnages. Bordures sur trois côtés à fleurs, fruits et ornements entrelacés avec écussons représentant un vaisseau trois mâts et des mascarons surmontés de couronnes aux angles.

1er Larg. : 2^m3o. Haut. : 2^m5o.
2e Larg. : 2 m. Haut. : 2^m5o.

TABLEAUX

BENTABER

8 — *Marine.*

> Toile. Signé à gauche.
>
> Larg. : o^m35. Haut. : o^m18.

BLUM (Maurice)

9 — *La Partie de cartes.*

> Touche fine et spirituelle.
> Bois. Signé à gauche.
>
> Larg.: o^m22. Haut.: o^m28.

10 — *Après la sérénade.*

> Bois. Signé à gauche.
>
> Larg. : o^m24. Haut.: o^m3o.

CICÉRI

11 — *Paysage arrosé par une rivière.*

> Bois. Signé à gauche.
>
> Larg. : o^m22. Haut.: o^m12.

COROT (Attribué à)

12 — *Bords de rivière.*

> Toile. Signé à gauche.
>
> Larg. : o^m8o. Haut. : o^m63.

DUPRAY (H.)

13 — *Les Chasseurs de Vincennes.*

Bois. Signé à droite.

Larg. : 0ᵐ35. Haut. : 0ᵐ27.

GARI

14 — *Les Pêcheuses.*

Bois. Signé à droite.

Larg. : 0ᵐ26. Haut. : 0ᵐ19.

GARRIDO (L.)

15 — *La Terrasse de Saint-Germain.*

Bois. Signé à droite.

Larg. : 0ᵐ54. Haut. : 0ᵐ65.

GRANER (L.)

16 — *Les Enfants à la lanterne vénitienne.*

Effet de lumière.
Toile. Signée à droite.

Larg. : 1ᵐ. Haut. : 0ᵐ70.

17 — *Fumeur et buveur.*

Effet de lumière.
Toile. Signée à droite.

Larg. : 0ᵐ70. Haut. : 0ᵐ55.

r8 — *La Partie de cartes.*

> Effet de lumière.
> Toile. Signée à gauche.
>
> Larg. : 0^m47. Haut. : 0^m38.

INNOCENTI

19 — *Le Déjeuner.*

> Bois. Signé à droite.
>
> Larg. : 0^m45. Haut. : 0^m25.

JULIA (Luis)

20 — *Pâturages en Espagne.*

> Toile. Signée à droite.
>
> Larg. : 0^m62. Haut. : 0^m44.

LALYRE (Ad.)

21 — *La Femme au manchon.*

> Toile. Signée à gauche.
>
> Larg. : 0^m65. Haut. : 0^m87.

LONGHI (Pierre)

22 — *Le Marchand de Polenta.*

> Provient de la collection du prince Collalto.
> Toile.
>
> Larg. : 0^m49. Haut. : 0^m60.

NAVARRO

23 — *Naufrage.*

> Toile. Signée à droite.
>
> Larg. : 0^m50. Haut. : 0^m28.

OTERO

24 — *L'Examen à l'École de danse, Espagne.*
Bois. Signé à gauche.

Larg. : o^m41. Haut. : o^m33.

PECRUS

25 — *La jeune femme aux perles.*
Bois. Signé à droite.

Larg. : o^m13. Haut. : o^m20.

PRUD'HON (Pierre-Paul) attribué à

26 — *La Consultation médicale.*
Toile.

Larg. : o^m21. Haut. : o^m16.

RODRIGUEZ

27 — *Bords de rivière.*

Joli paysage avec figures.
Toile. Signée à gauche.

Larg. : o^m80. Haut. : o^m40.

ROUSSEAU (Th.)

28 — *Paysage et rochers de Fontainebleau.*

Etude d'une rare puissance.
Toile collée sur carton. Provient de la vente posthume
de Barye et de la collection Tabourier.

Larg. : o^m43. Haut. : o^m30.

RUDAUX (E.)

29 — *La galanterie aux champs.*

3o — *On cache le coupable.*

Deux agréables compositions.
Toiles signées.

Larg. : 0ᵐ92. Haut. : 0ᵐ53.

SISTÈRE

3ı — *La Petite Italienne.*

Tableau agréable.
Toile, signé à gauche.

Larg. : 0ᵐ60; Haut. : 0ᵐ90.

SWAGERS

32-33 — *Les Pâturages en Hollande.*

Deux jolis tableaux.
Bois signés.

Larg. : 0ᵐ47; Haut. : 0ᵐ39.

WATELIN (L. V.)

34 — *Vaches au pâturage*

Toile, signé à gauche.

Larg. : 0ᵐ45· Haut. : 0ᵐ35.

WÉBER (Tʜ.)

35 — *A Sport.*

Toile, signée.

Larg. : 0ᵐ55; Haut. : 0ᵐ34.

TABLEAUX

APPARTENANT A M. DE V...

ÉCOLE FLAMANDE

36 — *Les Mendiants.*
Bois.

Larg. : 0ᵐ19; Haut. : 0ᵐ25.

COYPEL (Attribué à)

37 — *Le Triomphe de Vénus.*
Importante composition.
Toile.

Larg. : 1ᵐ20; Haut. : 0ᵐ86·

DURAZZO (Gio Batista)

38 — *Portrait de gentilhomme du XVIIIᵉ siècle.*
En costume rouge brodé d'or, longue perruque
brune. Il regarde presque de face.
Beau tableau.

Larg. : 0ᵐ95; Haut. 1ᵐ22.

LŒMEN. (V.)

39 — *Paysage avec figures.*
Toile signée.

Larg. : 1ᵐ10; Haut. : 0ᵐ85.

ÉCOLE FRANÇAISE

40 — *Portrait d'abbé.*
Toile.

Larg. : 0ᵐ63; Haut. : 0ᵐ80.

ÉCOLE ITALIENNE

41 — *La Sainte Famille.*
Bois.

Larg. : 1ᵐ25; Haut. : 1ᵐ30.

42 — *Glace d'entre deux,* en trois parties, cadre ornementé en bois sculpté, époque Louis XIV.

Larg. : 0ᵐ85; Haut. : 2ᵐ10.

Paris. — *Imprimerie* MÉNARD & CHAUFOUR, *8-10, rue Milton.*